어린이 생물 도서관 3

# 한국 파충류 사전

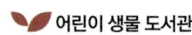

어린이 생물 도서관 3

# 한국 파충류 사전

**펴낸날** 2020년 8월 10일
**지은이** 김현태

**펴낸이** 조영권
**만든이** 노인향, 백문기
**꾸민이** ALL design group

**펴낸곳** 비글스쿨
**주소** 서울 마포구 신수로 25-32, 101 (구수동)
**전화** 02) 701-7345~6  **팩스** 02) 701-7347
**홈페이지** www.econature.co.kr
**등록** 제2007-000217호

**ISBN** 979-11-6450-013-0  76490

김현태 ⓒ 2020

- 이 책의 일부나 전부를 다른 곳에 쓰려면 반드시 저작권자와 비글스쿨 모두에게 동의를 받아야 합니다.
- 비글스쿨은 자연과학 전문 출판사 자연과생태의 어린이 브랜드입니다.
- 잘못된 책은 책을 산 곳에서 바꾸어 줍니다.

---

**어린이제품 안전특별법에 의한 기타 표시사항**

**제품명** 도서 | **제조자명** 비글스쿨 | **제조국명** 한국 | **전화번호** 02) 701-7345~6 | **제조연월** 2020년 8월
**사용연령** 6세 이상 | **주소** (04092) 서울 마포구 신수로 25-32, 101 (구수동)
**주의사항**: 종이에 베이거나 긁히지 않도록 주의하세요. 책 모서리가 날카로우니 던지거나 떨어뜨리지 마세요.

어린이 생물 도서관 3

김현태 지음

# 한국 파충류 사전

비글스쿨

# CONTENTS

거북과 뱀 세계로 초대합니다  005
먼저 읽어 보세요  006

## 거북 무리

| 자라과 | 016 |
| 자라 | 018 |

| 늪거북과 | 034 |
| 붉은귀거북 | 036 |

| 남생이과 | 024 |
| 남생이 | 026 |

## 뱀 무리

| 도마뱀부치과 | 042 |
| 도마뱀부치 | 044 |

| 도마뱀과 | 050 |
| 도마뱀 | 052 |
| 북도마뱀 | 056 |

| 장지뱀과 | 060 |
| 표범장지뱀 | 064 |
| 줄장지뱀 | 068 |
| 아무르장지뱀 | 072 |

| 뱀과 | 078 |
| 실뱀 | 086 |
| 비바리뱀 | 090 |
| 대륙유혈목이 | 094 |
| 누룩뱀 | 096 |
| 무자치 | 104 |
| 유혈목이 | 108 |
| 능구렁이 | 114 |
| 구렁이 | 118 |

| 살모사과 | 124 |
| 쇠살모사 | 128 |
| 살모사 | 136 |
| 까치살모사 | 140 |

찾아보기  144

## 거북과 뱀 세계로 초대합니다

파충류에는 뱀 무리, 거북 무리, 악어 무리가 속합니다. 악어는 우리나라에 살지 않으니 자연에서 보지 못하는 것이 당연하고, 거북도 마주칠 일이 거의 없습니다. 뱀은 그나마 등산할 때나 캠핑할 때 한번쯤은 마주칠 만합니다.

2008년 초가을에 집 근처인 충남 가야산 용현 계곡으로 나들이 갔다가 느릿느릿 기어가는 큰 뱀을 만났습니다. 저는 나무에 뱀을 걸어 딸에게 건네주고 기념사진을 찍었습니다. 그리고는 인터넷 커뮤니티에 사진을 올려서 무슨 뱀인지 알고 싶다고 물었습니다. 여러 사람이 놀라면서 "아이에게 너무 위험한 짓을 했다. 까치살모사다"라고 알려 주었습니다.

깊고 높은 산에나 가야 만날 것 같은 까치살모사가 제 주변에 살고 있었다니 놀라웠습니다. 그때부터 우리나라 뱀에 대해서 알아봐야겠다 싶어 어떤 뱀이 사는지, 위험한 뱀, 위험하지 않은 뱀은 무엇인지 공부하기 시작했습니다. 그러면서 뱀과 더불어 우리나라에 사는 파충류인 거북도 관찰하고 기록했습니다.

파충류는 곤충, 개구리, 쥐, 새 같은 작은 동물을 잡아먹습니다. 이런 동물이 줄어드는 것도 문제지만, 무엇이든 지나치면 탈이 나듯 너무 늘어나는 것도 문제가 됩니다. 파충류는 바로 이런 작은 동물을 잡아먹으면서 생태계 균형을 맞추는 역할을 합니다.

이처럼 큰 장점이 있는데도 사람들은 대개 파충류를 꺼립니다. 뱀이나 악어는 무서워하기까지 하지요. 물론 악어나 뱀은 지금도 사람을 위협할 수 있으니 그렇게 여길 수도 있습니다. 그러나 우리가 막연하게 파충류 전체를 거북스럽게 느끼는 것은 어쩌면 공룡이 지구를 지배하던 시절, 파충류 공격을 피해 살아남아야 했던 당시 포유류의 유전자가 아직도 우리 몸에 박혀 있어서인지도 모르겠습니다.

지금 우리가 사는 세상은 공룡이 살던 세상과는 다릅니다. 악어나 몇몇 뱀은 여전히 위험할 수도 있지만 이들은 파충류 무리의 일부일 뿐이며, 우리나라에 사는 대다수 파충류는 전혀 위험하지 않아요. 오히려 자세히 들여다보면 거북, 도마뱀, 장지뱀 무리는 귀엽기까지 하답니다.

그러니 앞으로는 파충류를 징그럽다거나 무섭다고만 여기지 말고, 지금 우리와 함께 지구에서 살아가는 친구로서, 생태계가 순환하는 데에 없어서는 안 될 구성원으로서 너그럽게 바라봐 주면 어떨까요? 파충류를 그렇게 바라보는 데에 이 책이 도움이 되면 참 좋겠습니다.

2020년 8월 김현태

# 먼저 읽어 보세요

## ● 파충류는 어떤 동물?

거북, 뱀, 악어 무리를 묶어 파충류라고 일컫습니다. 파충류(爬蟲類)는 '기어 다니는 벌레 무리'라는 뜻이며, 대부분 알을 낳고 온몸이 등딱지(등갑)나 배딱지(배갑) 또는 비늘로 덮여 있습니다. 거북 무리는 대개 몸 아래(배)는 평평하고, 몸 위(등)는 볼록한 편입니다. 뱀 무리는 몸이 가늘고 길며, 다리가 있는 도마뱀과 다리가 없는 뱀으로 나뉩니다. 악어는 입이 크고 이빨이 많습니다.

양서류와 파충류는 서로 친척 관계는 아닙니다. 굳이 공통점을 찾는다면 다리가 네 개이고 기온에 따라 체온이 변하는 변온동물이라는 것뿐입니다. 그런데도 양서류와 파충류를 오래전부터 함께 다루는 일이 많은 것은 두 무리를 양서파충류학(Herpetology)이라는 하나의 학문으로 연구해 왔기 때문입니다.

비바리뱀. 파충류는 기어 다니고 몸에 비늘이 있는 무리다.

## ● 거북과 뱀 구별하기

남북한을 아우르는 한반도에는 거북 13종과 뱀 26종이 삽니다. 그중에서 북한에만 사는 종과 바다에 사는 종, 외래종 일부(아직 많이 연구되지 않은 종)를 뺀 20종을 이 책에서 소개합니다.

두 무리를 가르는 가장 큰 차이는, 거북은 몸이 등딱지(등갑)와 배딱지(배갑)로 덮여 있으며, 뱀은 온몸이 비늘로 덮여 있다는 점입니다. 거북 무리는 다시 등딱지가 말랑한 자라 종류와 등딱지가 딱딱한 남생이나 붉은귀거북으로 나누고, 뱀 무리는 다시 다리가 있고 눈꺼풀이 있는 도마뱀이나 장지뱀 같은 도마뱀아목과 다리와 눈꺼풀이 없는 구렁이나 살모사 같은 뱀아목으로 나눕니다. 이렇게 큰 틀로 나누고는 좀 더 세세한 부분을 비교해 종을 구별합니다.

| | | | | | | |
|---|---|---|---|---|---|---|
| 거북 무리 | 몸이 등갑과 배갑으로 덮여 있다. | 등갑이 말랑거리고 발톱 3개가 잘 보인다. | | | | 자라 |
| | | 등갑이 딱딱하고 발톱이 4~5개다. | 등 가운데와 양쪽에 솟은 곳이 있다. | | | 남생이 |
| | | | 등에 솟은 곳 없이 둥글다. | | | 붉은귀거북 |
| 뱀 무리 | 온몸이 비늘로 덮여 있다. | 다리가 있다. (도마뱀아목) | 발가락에 겹겹이 있는 얇은 막이 빨판을 이룬다. | | | 도마뱀부치 |
| | | | 발가락에 빨판이 없다. | 몸에 광택이 있다. | 옆면에 있는 줄이 들쑥날쑥하다. | 도마뱀 |
| | | | | | 옆면에 있는 줄이 가지런하다. | 북도마뱀 |
| | | | | 몸에 광택이 없어 꺼칠꺼칠한 느낌이다. | 등 비늘이 알갱이 모양이다. | 표범장지뱀 |
| | | | | | 등 비늘이 기와 모양이다. | 옆면에 있는 흰색 줄이 잘 보인다. | 줄장지뱀 |
| | | | | | | 옆면에 있는 흰색 줄이 잘 보이지 않거나 가늘며 직선이 아니다. | 아무르장지뱀 |
| | | 다리가 없다. (뱀아목) | 머리에서 꼬리까지 등 가운데에 황백색 줄이 있다. | | | 실뱀 |
| | | | 머리만 검고 몸은 무늬가 없는 노란색이다. | 머리 뒤쪽에는 흰 줄, 등 쪽에는 검은 줄이 쭉 뻗어 있다. | | 비바리뱀 |
| | | | | 머리 뒤쪽에 있는 흰 줄이 기울어진다. | | 대륙유혈목이 |
| | | | 몸에 점이 있다. | 점이 세로로 길다. | | 누룩뱀 |
| | | | | 점이 가로로 길다. | | 무자치 |
| | | | 몸에 띠가 있다. | 붉은색과 초록색을 띤다. | | 유혈목이 |
| | | | | 붉고 검은 띠가 나타난다. | | 능구렁이 |
| | | | | 대부분 노란색, 검은색 띠가 나타난다. | | 구렁이 |
| | | | 위에서 보면 몸을 따라 지그재그 무늬가 있다. | 옆에서 보면 몸을 따라 엽전 무늬가 있다. | | 쇠살모사 살모사 |
| | | | | 옆에서 보면 몸을 따라 띠가 있는 경우가 많다. | | 까치살모사 |

**1 자라.** 등딱지가 말랑말랑하다. 햇빛에 몸 말리는 것을 좋아한다. ⓒ 강희영
**2 붉은귀거북.** 등딱지가 딱딱하다. 앞발 발톱이 긴 수컷이다.

3 **아무르장지뱀.** 다리와 눈꺼풀, 눈 뒤에 고막이 있다.
4 **대륙유혈목이.** 다리와 눈꺼풀, 고막이 없다.

## ● 한반도에 사는 파충류 목록과 분류 체계

우리가 흔히 파충류라고 일컫는 것은 동물계 > 척삭동물문 > 파충강에 속한 생물입니다. 지금까지 한반도에 사는 것으로 알려진 파충류 목록은 다음과 같습니다.

참고로 '거북'을 '거북이'라고 부르는 사람이 많습니다. 본래 이름은 '거북'인데 사람 이름이나 물건, 명사 등에 붙여서 말투를 매끄럽게 하는 접미사 '이'를 붙인 것입니다. 말할 때는 친근하게 '거북이'라고 할 수 있지만, 정확히 생물 이름을 나타낼 때는 '거북'이라고 말하거나 써야 옳습니다.

## ● 한반도에 사는 파충류(파충강) 목록

### 거북목 Testudines

#### 장수거북과 Dermochelyidae
- 장수거북 * *Dermochelys coriacea*

#### 바다거북과 Cheloniidae
- 바다거북 * *Chelonia mydas*
- 붉은바다거북 * *Caretta caretta*
- 올리브바다거북 * *Lepidochelys olivacea*
- 매부리바다거북 * *Eretmochelys imbricata*

#### 자라과 Trionychidae
- 자라 *Pelodiscus maackii* (Brandt, 1857)
- 중국자라 * *Pelodiscus sinensis* (Wiegmann, 1835)

#### 남생이과 Geoemydidae
- 남생이 *Mauremys reevesii*
- 줄무늬목거북 * *Mauremys sinensis*

### 늪거북과 Emydidae
- 붉은귀거북 * Trachemys scripta
- 플로리다붉은배쿠터 * Pseudemys nelsoni
- 강쿠터 * Pseudemys concinna
- 반도쿠터 * Pseudemys peninsularis

## 뱀목 Squamata
### 도마뱀부치과 Gekkonidae
- 도마뱀부치 * Gekko japonicus
- 집도마뱀부치(가칭) * Hemidactylus frenatus

### 도마뱀과 Scincidae
- 장수도마뱀 * Plestiodon coreensis
- 북도마뱀 Scincella huanrenensis
- 도마뱀 Scincella vandenburghi

### 장지뱀과 Lacertidae
- 아무르장지뱀 Takydromus amurensis
- 줄장지뱀 Takydromus wolteri
- 표범장지뱀 Eremias argus

### 뱀과 Colubridae
- 구렁이 (먹구렁이) Elaphe schrenckii
  (황구렁이) Elaphe anomala
- 누룩뱀 Elaphe dione
- 세줄무늬뱀 * Elaphe davidi
- 무자치 Oocatochus rufodorsatus
- 유혈목이 Rhabdophis tigrinus
- 실뱀 Orientocoluber spinalis
- 능구렁이 Lycodon rufozonatum

- 대륙유혈목이 *Hebius vibakari*
- 비바리뱀 *Sibynophis chinensis*

**살모사과 Viperidae**
- 쇠살모사 *Gloydius ussuriensis*
- (제주쇠살모사) *Gloydius tsushimaensis*
- 살모사 *Gloydius brevicaudus*
- 까치살모사 *Gloydius intermedius*
- 북살모사 * *Vipera berus*

**코브라과 Elapidae**
- 먹대가리바다뱀 * *Hydrophis melanocephalus*
- 얼룩바다뱀 * *Hydrophis cyanocinctus*
- 바다뱀 * *Hydrophis platura*
- 좁은띠큰바다뱀 * *Laticauda laticaudata*
- 넓은띠큰바다뱀 * *Laticauda semifasciata*

\* 북한에만 사는 종   \* 바다에 사는 종   \* 외래종

## ● 이 책에서 쓴 용어

가능한 어려운 말을 쓰지 않으려고 노력했습니다. 그런데도 풀어 쓰면 말이 너무 길어지거나 쉬운 우리말로 바꿀 수 없는 몇몇 용어는 그대로 썼습니다. 본문에 자주 나오거나 파충류를 이해하는 데에 필요한 용어이니, 책을 보기에 앞서 다음 용어 뜻을 살펴 주세요.

**전체길이**: 주둥이부터 꼬리 끝까지 길이
**골판**: 거북 무리 등갑과 배갑을 이루는 편평한 뼈
**등갑(등딱지)**: 거북 무리 몸 위쪽 딱지

**배갑(배딱지)**: 거북 무리 몸 아래쪽 딱지
**서혜인공**: 장지뱀 무리 뒷다리 사타구니에 있는 페르몬을 뿜는 구멍
**뒤베르누아샘(Duvernoy's gland)**: 유혈목이, 능구렁이 어금니와 연결된 독샘
**목덜미샘**: 유혈목이 목덜미에 있는 두꺼비 독을 저장하는 샘
**독샘**: 살모사 무리 위턱 안쪽에 있으며 독을 생성, 저장하는 샘
**피트 기관**: 살모사 무리 눈과 콧구멍 사이에 깊이 파인 부분(열을 느끼는 신경 말단이 있어서 밤에도 체온이 높은 포유류나 새의 위치를 감지할 수 있는 기관)
**총배설강**: 배설 기관과 생식 기관이 하나로 연결된 주머니
**용골돌기**: 뱀의 비늘 조각 한가운데 솟은 부분
**서구개치열**: 뱀 무리 입천장에 나 있는 치열
**개체**: 생물 분야에서 생물 하나하나를 가리킬 때 쓰는 말

**살모사 용골돌기.** 비늘 가운데에 솟은 부분이 있다.

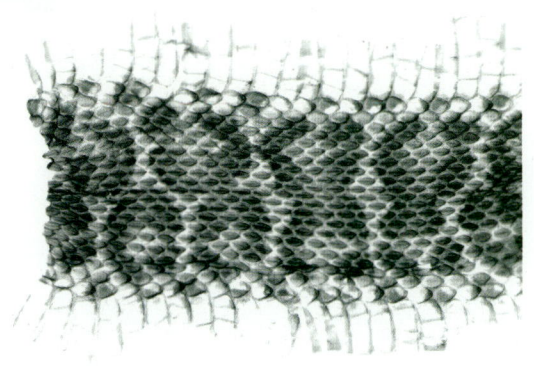

## 거북 무리

**자라과** 자라
**남생이과** 남생이
**늪거북과** 붉은귀거북

**자라.** 강과 시내 바위에서 일광욕하는 모습을 자주 볼 수 있다. ⓒ 노선호

# 자라과

우리나라에는 원래 자라 1종만 있었으나 자라를 중국자라와 같은 학명으로 기록하면서 둘을 같은 종으로 여기게 되었다. 그런 까닭에 중국과 동남아시아에서 중국자라 어린 개체를 양식용으로 한꺼번에 많이 수입해 자연에 방사했으며, 그 결과 우리나라에는 자라와 중국자라 2종이 산다.

자라와 중국자라는 생김새와 유전 정보가 매우 비슷해 같은 종일 가능성도 있다. 중국자라는 등갑이 푸른색이어서 '청자라'라고도 부르며, 배 쪽에 노란색을 띠는 자라는 '토종자라'라고 구별해 부르기도 한다. 등갑은 길이가 25~40cm이고, 황록색이나 황갈색을 띠며 편평하다. 등갑 가장자리는 뼈 말고 인대나 연골로 이어지며 표면이 거칠다. 목은 길고 잘 늘어나며, 주둥이는 좁고 긴 대롱 모양이다. 발은 4개이며 발가락 3개와 발톱 3개가 잘 보인다. 배갑은 퇴화했고 뼈 사이에 커다란 틈이 있다. 자라는 배갑이 노란색이며 중국자라는 흰색을 띠는 개체가 많다.

민물에 살며 낮에는 얕은 물속 모래를 파고 들어가 숨어 지내며, 주로 낮에 활동한다. 곤충을 비롯한 갑각류, 조개류, 어류 등을 먹는 육식성이다. 알은 지름이 2.5~3cm이며 공 모양이고, 암컷 한 마리가 알을 5~40개 낳는다.

# 자라

**전체길이** 25~40cm • **보이는 시기** 3~10월 • **겨울잠 시기** 10~3월 • **번식기** 5~8월 • **알 낳는 곳** 강이나 시내, 저수지 주변 부드러운 땅이나 모래땅 • **사는 환경** 강, 시내, 저수지, 늪 • **사는 지역** 전국

등갑은 연한 초록색이나 갈색을 띠며 작은 돌기가 나 있고, 배갑은 연한 노란색을 띤다. 등갑은 거칠거칠한 살가죽으로 덮여 있다. 머리를 몸속으로 숨길 수 있고, 목을 몸길이만큼 길게 뻗을 수 있다. 강바닥에 몸을 파묻고 목만 길게 빼어 숨을 쉬기도 한다. 주로 낮에 활동하며 돌 위에서 햇볕을 쬐기도 한다. 조개나 새우, 물고기, 개구리 등을 즐겨 먹는다. 모래땅을 파고서 알을 5~40개 낳는다. 사육하는 개체는 15년까지 산 기록이 있다.

자라과

**1 암컷.** 몸집이 크고 뚱뚱하다. ⓒ 김현
**2 수컷.** 등갑 가운데가 더 뾰족한 느낌이며 암컷에 비해 조금 작다.

자라과

1 암컷은 알을 낳을 때 냇가나 저수지 주변으로 기어 올라온다.
2 목을 길게 뻗을 수 있다.
3 **어린 개체.** 배가 주황색이거나 노란 기운이 도는 붉은색이다.
4 시냇가 왕겨 더미에 알을 낳았다. ⓒ 김현
5 등에 길쭉길쭉한 돌기가 있고, 얼굴 아래쪽에는 무늬가 두드러진다.

1 충청북도 청주 원흥이 방죽에서 관찰한 개체. 유난히 까맣다.
2 경기도 수원 황구지천에서 발견한 개체. 모래 더미에서 일광욕을 하고 있다. ⓒ 곽호경
3 물속 모래를 파고 들어가 숨어 있기를 좋아한다.

자라과

❸

### 요즘 우리나라에서도 많이 보이는 중국자라

중국 남부와 동남아시아에서 들여와 방생했고 지금은 전국에 퍼져 산다. 자라와 거의 비슷하게 생겼지만 등뼈 주변 부드러운 부분이 일정하게 좁으며, 배갑이 흰색이다. 뒷발로 부드러운 땅을 판 다음 동그란 알을 낳고 흙을 다시 덮는다.

# 남생이과

전체길이는 15~30cm이며 암컷이 수컷보다 훨씬 크다. 등갑은 딱딱한 골판 여러 개로 이루어지며 얇은 가죽으로 싸여 있다. 또한 등갑 가운데와 양옆에 기다란 돌기가 3개 있어 다른 거북과 구별된다. 등갑은 대체로 검은색, 암갈색, 황갈색을 띤다. 머리는 대개 초록빛이며 옆면에 노란색 가는 줄이나 점이 있다. 머리와 다리를 등갑에 넣을 수 있으며, 걷거나 헤엄칠 때 긴 꼬리를 쭉 뻗는다.

잡식성으로 습지대 물풀이나 작은 곤충, 달팽이나 다슬기, 물고기 등을 먹으며, 죽은 물고기를 먹기도 한다. 주로 겨울잠에 들기에 앞서(10~11월) 짝짓기를 한 다음 이듬해 6~7월에 길쭉한 알을 2~13개 낳는다. 그로부터 65~71일이 지나면 새끼가 입 앞쪽에 난 흰색 난치로 알을 찢고 나온다.

방생 행사에 쓰려고 들여오던 붉은귀거북이 2001년부터 수입 금지되자 대신 중국산 남생이를 들여와서 강에 많이 방생했다. 유전자 분석으로 우리나라 고유 남생이를 확인한 지역은 충청남도 서천 금강호 주변과 충청북도 대청호, 전라남도 영암 월출산 주변이다.

**남생이.** '거북'은 바로 이 남생이를 일컫는 이름이다. 우리나라에서 유일하게 바다가 아닌 내륙 민물 지역에서 보이는 거북이다.

남생이과

# 남생이

**전체길이** 15~30cm • **보이는 시기** 3~10월 • **겨울잠 시기** 10~3월 • **번식기** 6~7월 • **알 낳는 곳** 강이나 시내, 저수지 주변 부드러운 땅이나 모래땅 • **사는 환경** 강, 시내, 저수지, 늪 • **사는 지역** 전국

멸종위기종 Ⅱ급 및 천연기념물로 지정, 보호한다. 다른 거북보다 머리가 크며, 초록색인 머리에서 목까지 노란색 줄이 있다. 암컷은 자랄수록 머리가 커지며, 암수 모두 자랄수록 온몸이 검게 변하는 개체가 있다. 위험이 닥치면 겨드랑이에서 독특한 냄새를 풍긴다. 등 가운데와 양 옆으로 볼록 솟은 부분이 3줄 있다. 조개, 새우, 다슬기, 민물 게나 죽은 물고기, 물풀을 즐겨 먹으며, 지렁이나 과일도 먹는다. 6~7월에 축축한 땅을 뒷발로 파서 구멍을 내고 알을 2~13개 낳는다. 사육한 개체는 35년까지 산 기록이 있다. 우리나라와 중국, 일본에 산다.

남생이과

1 **암컷**. 수컷보다 둥글고 뚱뚱하다.
2 **수컷**. 암컷에 비해 몸이 작고, 온몸이 검은 개체도 있다.
3 암컷(왼쪽)은 꼬리가 짧고 수컷(오른쪽)은 길다.

**1** 알 속에서 다 자란 새끼는 입 앞쪽에 있는 뾰족한 난치로 알을 찢고 나온다.
**2** 알은 길이 2cm 정도이며, 새끼가 자라면서 폭이 넓어진다.

**3** 등 가운데와 양 옆에 솟은 부분이 있다. 헤엄칠 때 방향타 역할을 하는 듯하다.
**4** 등갑은 나무의 나이테처럼 자란다. 다만, 반드시 1년에 하나씩 생기는 것이 아니라 환경이나 영양 상태에 따라 생기는 정도가 달라진다.

헤엄을 잘 치며 물속에서 겨울잠을 자기도 한다.
장에서 물에 녹아 있는 산소를 흡수할 수 있다.

남생이과

몸이 검게 변하는 일(흑화현상)이 없다면 머리 부분은 초록색이다.

남생이과

### 요즘 수입을 금지한 줄무늬목거북

대만과 중국 남부 지방에 살던 종이다. 애완거북으로 우리나라에 수입되었다. 남생이, 일본의 돌거북과 친척이며 중국에서는 남생이와의 잡종도 관찰되었다. 목에 줄무늬가 있으며 머리 위, 등 가운데와 양 옆으로 보석 같은 무늬가 있어서 보석거북이라고도 부른다. 최근 집에서 기르다가 자연에 버리는 일이 잦아지면서 환경부에서 수입을 금지시켰다.

# 늪거북과

원산지는 북아메리카이며 우리나라에는 애완용으로 수입되었다. 거북이 자라면 자연에 버리는 일이 많아지면서 전국에서 관찰된다. 우리나라에 사는 늪거북 무리의 대표 종으로는 붉은귀거북속의 붉은귀거북(아종인 노란배거북, 컴버랜드 포함), 쿠터속의 강쿠터 및 반도쿠터, 비단거북속의 비단거북 등이 있다. 그 외에도 집에서 기르던 다양한 거북이 자연에서 관찰된다.

전체길이는 수컷 약 15cm, 암컷 20~42cm이다. 등갑은 부드러운 원형이며 녹색 바탕에 노란색 줄이 있다. 다 자란 수컷은 앞뒤 발톱이 암컷보다 2배 정도 길다.

주로 물이 많고 흐름이 약한 호수나 강에 살며, 특히 주변에 물풀이 많은 곳을 좋아한다. 알 낳을 때 말고는 물가를 떠나지 않는다. 암컷은 3~7월에 습지 주변 땅으로 이동해 부드러운 흙을 2.5~10cm 깊이로 파고 그 안에 알을 5~22개 낳는다. 부화하는 데에는 2~3개월이 걸리며, 번식할 수 있을 만큼 자라기까지는 수컷 1년, 암컷 3년이 걸린다. 어릴 때는 육식성이지만 자라면서 초식성으로 변한다.

**붉은귀거북.** 3개 아종이 있다. 우리나라에는 귀 쪽에 빨간 무늬가 있는 아종이 수입되면서 붉은귀거북이란 이름이 붙었다.

늪거북과

# 붉은귀거북

전체길이 20~30cm • 보이는 시기 3~10월 • 겨울잠 시기 10~3월 • 번식기 5~7월 • 알 낳는 곳 강이나 시내, 저수지 주변 땅속 • 사는 환경 강, 시내, 저수지, 늪 • 사는 지역 전국

❶

처음에는 눈 뒤쪽에 붉은색 무늬가 있는 아종을 외국에서 들여왔으나 생태계 교란종으로 지정되어 수입이 금지되었다. 그 다음부터는 붉은색 무늬가 없는 아종인 노란배거북과 컴버랜드를 들여왔고, 그 결과 지금은 야생에서 아종 또는 아종 간 잡종이 보인다. 등갑은 초록색이며 노란색 무늬가 있다. 수컷은 번식기에 앞발톱이 길게 자란다. 대개 번식기를 제외하고는 물속에서 지내며, 어릴 때는 육식성이지만 자라면서부터는 수생식물을 먹는 초식성으로 변한다.

늪거북과

**1** 눈 뒤쪽에 빨간 줄이 있고 등에는 긴 줄이 여럿 있다.
**2 어린 개체.** 초록빛이 많이 돈다.

**1** **노란배거북.** 눈 뒤쪽에 빨간 무늬가 없다.
**2** **충청남도 외연도에서 본 개체.** 작은 연못에서 헤엄치고 있다. ⓒ 노선호
**3** 강이나 시내 바위에서 일광욕을 즐긴다. 배에 검은 점이 있다.

## 요즘 우리나라에서 많이 보이는 쿠터 3종

**플로리다붉은배쿠터**
배갑은 붉은색을 띠며, 위턱에 이빨처럼 생긴 뾰족한 부분이 있다. 주로 물풀을 먹는 초식성이며 번식기 외에는 거의 물속에서 지낸다. 활발하게 움직이다가 통나무나 바위에 올라가 일광욕한다. 애완거북으로 우리나라에 들어왔다가 자연에 퍼졌다.

**강쿠터**
통나무나 바위에서 일광욕하다가 놀라면 재빨리 물속으로 뛰어든다. 물과 뭍을 빠르게 오간다. 대개 물속에서 지내며, 물속에서 겨울잠도 잔다. 물에서 산소를 흡수하는 능력이 뛰어나며 주로 수생식물을 먹지만 벌레나 지렁이, 물고기도 먹는 잡식성이다. 위턱에 발가락 모양 송곳니가 있어 식물을 먹기에 알맞다. 반도쿠터에 비해 몸 높이가 낮다.

**반도쿠터**
강쿠터에 비해 머리에 있는 줄이 두껍고, 자라면서 몸이 더 높아진다. 주로 수생식물을 먹는 초식성이다.

## 뱀 무리

**도마뱀부치과**　도마뱀부치

**도마뱀과**　도마뱀·북도마뱀

**장지뱀과**　표범장지뱀·줄장지뱀·아무르장지뱀

**뱀과**　실뱀·비바리뱀·대륙유혈목이·누룩뱀·무자치·유혈목이·능구렁이·구렁이

**살모사과**　쇠살모사·살모사·까치살모사

# 도마뱀부치과

우리나라에서는 도마뱀부치와 집도마뱀부치(가칭) 2종이 관찰되었다. 도마뱀부치는 부산, 경상남도 마산, 전라남도 목포에 사는데, 미토콘드리아 DNA 분석 결과 일본에 사는 도마뱀부치와 일치하므로 일본에서 유입되었을 가능성이 크다. 집도마뱀부치는 1885년과 2008년에 우리나라에서 관찰된 기록이 있지만 번식한다는 기록은 아직 없다. 몸은 회색 계열이며 밝거나 어둡게 몸 색깔을 바꿀 수 있다. 온몸에 작은 알갱이 같은 비늘이 덮여 있다. 총배설강 양쪽에 돌기가 2~3쌍 있으며 발바닥에 좁고 곧은 비늘이 여러 줄 있어 미끄러운 벽도 기어오를 수 있다. 혀는 길지 않지만 눈을 덮은 투명한 막을 잘 핥으며, 물도 핥아 마신다.

성대가 있어 몸을 보호하거나 포식자에게 반항하거나 교미할 때 등 상황에 따라 다른 소리를 낼 수 있다. 꼬리는 잘 떨어지며, 다시 자라지만 원래 것보다는 짧다. 낮에는 포식자를 피해 건물이나 담장, 땅 틈에서 숨어 지내며 주로 밤에 나와 가로등 주변이나 인가에서 나방 같은 곤충을 잡아먹는다. 4월부터 항구 주변에서 많이 보인다. 5~8월에 습도가 높은 건물 틈이나 구석에 알을 1~2개 낳는다. 여러 쌍이 같은 곳에 알을 낳기도 한다. 새끼는 입 끝에 있는 뾰족한 난치 1쌍을 써서 알을 뚫고 나오며, 알에서 나오면 난치가 사라진다.

**도마뱀부치.** 발바닥에 얇은 막이 겹겹이 있어 벽면에 붙을 수 있다.

# 도마뱀부치

**전체길이** 10~14cm • **보이는 시기** 4~10월 • **겨울잠 시기** 10~3월 • **번식기** 5~8월 • **알 낳는 곳** 바위나 벽 틈 • **사는 환경** 인가 주변, 돌담 • **사는 지역** 부산, 전라남도 목포, 경상남도 마산

몸은 납작하며 비늘로 덮여 있고, 몸 색깔을 옅은 회색과 진한 암갈색으로 바꿀 수 있다. 발바닥 전체에 좁고 곧은 비늘이 여러 줄 있어 바위가 많은 산이나 건물을 타고 오를 수 있고, 바위나 벽에 붙을 수 있다. 가로등이 있는 건물 틈에서 곤충이나 거미를 잡아먹는다. 짝짓기할 때 수컷은 암컷 목을 물며, 암컷은 "끽끽"하는 짧은 소리를 되풀이해서 낸다. 5~8월에 바위나 벽 틈에 흰색 알을 1~2개 낳는다. 우리나라와 일본에서만 관찰된다.

도마뱀부치과

1 앞발과 뒷발에 발가락이 5개씩 있고, 발가락 아래 얇은 막이 있다.
2 성대가 있어 소리를 낼 수 있다.
3 돌 틈이나 수로 벽에 알을 2~3개 붙여 낳는다. ⓒ 이우철

**1** 주변 상황에 따라 몸 색깔을 밝거나 어둡게 바꿀 수 있다.
**2** 혀로 물을 핥아 마시거나 눈을 닦을 수도 있다. ⓒ 김대호

도마뱀부치과

### 집도마뱀부치

동남아시아가 원산지이며 전 세계 항구 주변에서 보인다. 우리나라에서는 1885년과 2008년에 관찰된 적이 있다. 동남아시아에서 수입하는 나무나 물건에 붙어 들어온 것으로 보인다. 아직 우리나라에서 번식했다는 기록은 없다.

# 도마뱀과

우리나라에는 도마뱀, 북도마뱀 2종이 있다. 알을 낳는 도마뱀은 중부에서 제주도까지 보이지만 새끼를 낳는 북도마뱀은 강원도를 중심으로 보인다.

머리끝이 뾰족하며 등은 갈색이고 검은 점이 있다. 배는 밝은 갈색이며 광택이 있는 비늘로 촘촘하게 덮여 있다. 장지뱀과와 달리 서혜인공이 없다. 꼬리 끝은 뾰족하며 포식자에게 꼬리를 잡히면 쉽게 끊어진다. 끊어진 꼬리가 꿈틀거리며 포식자의 시선을 끄는 사이에 도망친다. 도마뱀이라는 이름도 꼬리가 도막 나는 데서 따왔을 가능성이 있다. 끊어진 뒤에 다시 자라는 꼬리는 원래 꼬리보다 짧고 뻣뻣하다. 낙엽이 많고 습한 산지 풀밭이나 묵은 밭 같은 너덜 지대에 살며 곤충, 지렁이, 노래기 등을 먹는다. 도마뱀은 6~7월에 썩은 나무나 낙엽 더미에 알을 2~9개 낳으며, 북도마뱀은 7~8월에 새끼를 3~6마리 낳는다.

도마뱀과

**도마뱀(왼쪽)과 북도마뱀(오른쪽) 비교.**
몸 옆면에 있는 줄이 도마뱀은 들쑥날쑥
하지만 북도마뱀은 가지런하다.

# 도마뱀

**전체길이** 9~13cm • **보이는 시기** 4~10월 • **겨울잠 시기** 10~3월 • **번식기** 6~7월 • **알 낳는 곳** 썩은 나무나 낙엽 더미 • **사는 환경** 산, 풀밭, 묵정밭, 산골짜기 시냇가 주변 • **사는 지역** 전국

등은 어두운 갈색이며 몸 옆에 들쑥날쑥한 흑갈색 줄이 있다. 배는 노란빛이 도는 흰색이다. 습기가 많은 낙엽과 돌 틈에 살며, 특히 서해안 섬에서 많이 보인다. 곤충, 지렁이, 노래기 등을 먹는다. 6~7월에 습기가 많은 썩은 나무속에 알을 2~9개 낳는다. 우리나라와 일본 쓰시마에 산다.

도마뱀과

**1** 낙엽이 많고 습한 곳에서 살아서인지 낙엽색을 띤다.
**2** 습한 곳에서 지렁이를 잡아먹고 있다.

도마뱀과

1 낙엽과 썩은 나무가 있는 곳에서 지내 눈에 잘 띄지 않는다.
2 썩은 나뭇잎과 잔가지 속에 알을 2~9개 낳는다.
3 돌 밑에 여러 마리가 모여 있다.

# 북도마뱀

**전체길이** 9~14cm • **보이는 시기** 4~10월 • **겨울잠 시기** 10~3월 • **번식기** 7~8월 • **새끼 낳는 곳** 썩은 나무나 낙엽 더미 • **사는 환경** 산, 풀밭, 묵정밭, 산골짜기 시냇가 주변 • **사는 지역** 강원도, 경기도 북부

①

도마뱀과 매우 닮아서 구별하기 어렵다. 등은 어두운 갈색이며 빛을 받으면 청동 빛이 나고, 몸 옆면에 있는 흑갈색 줄이 가지런하다. 높은 산 계곡 주변 돌 틈이나 야영장 근처에서 보이며 곤충이나 거미를 주로 먹는다. 도마뱀과 달리 알을 낳지 않고 뱃속에서 새끼를 키운 다음 8월 무렵에 3~6마리를 낳는다.

도마뱀과

1 몸 옆면에 있는 흑갈색 줄이 가지런하다.
2 꼬리가 끊어져도 곧 새로 자라지만, 새 꼬리는 본래 꼬리만 못하다.

1 그해에 태어난 개체는 더 진한 갈색을 띤다.
2 낙엽과 썩은 잔가지가 많은 틈을 오가며 먹이를 찾는다.

도마뱀과

**표범장지뱀.** 표범 무늬가 온몸에 퍼져 있다.

# 장지뱀과

우리나라에는 모래땅이 잘 발달한 바닷가나 큰 강 주변에서 생활하는 표범장지뱀, 인가 주변 습지나 계곡, 경작지 주변 풀밭에서 생활하는 줄장지뱀, 산속에서 주로 생활하는 아무르장지뱀 3종이 있다.

건조하고 거친 비늘로 온몸이 덮여 있으며 등은 황갈색이나 적갈색을 띤다. 표범장지뱀은 표범 무늬와 비슷한 점이 있다. 줄장지뱀은 흰색과 짙은 갈색 줄이 있고, 아무르장지뱀은 몸통 옆면에 거칠고 짙은 갈색 줄이 있다. 꼬리는 쉽게 끊어진다. 뒷다리 허벅지 안쪽에 페르몬을 분비하는 구멍(서혜인공)이 있다(표범장지뱀 11~12쌍, 줄장지뱀 1쌍, 아무르장지뱀 3~4쌍).

대체로 도마뱀 무리보다 건조한 지역에서도 살며, 땅에서 빠르게 돌아다닌다. 표범장지뱀은 모래에서도 잘 달리며, 체온이 높은 상태에서 움직여야 하기 때문에 주로 따뜻한 낮에 활동하고, 4월부터 보인다. 표범장지뱀은 7~8월에 모래 속으로 들어가 길쭉한 알을 낳고, 줄장지뱀은 6~8월에 흰색 달걀 모양 알을 낳으며, 아무르장지뱀은 6~7월에 썩은 나무나 낙엽 밑에 길쭉한 알을 낳는다.

**1 줄장지뱀.** 머리에서 몸을 따라 흰 줄이 길게 뻗어 있다.
**2 아무르장지뱀.** 줄장지뱀에 비해 머리에서 몸으로 뻗은 줄이 끊기거나 구불구불하며 옆면과 윗면의 경계선이 거칠다.

**페르몬을 분비하는 서혜인공**

1 표범장지뱀. 11~12쌍
2 줄장지뱀. 1쌍
3 아무르장지뱀. 3~4쌍

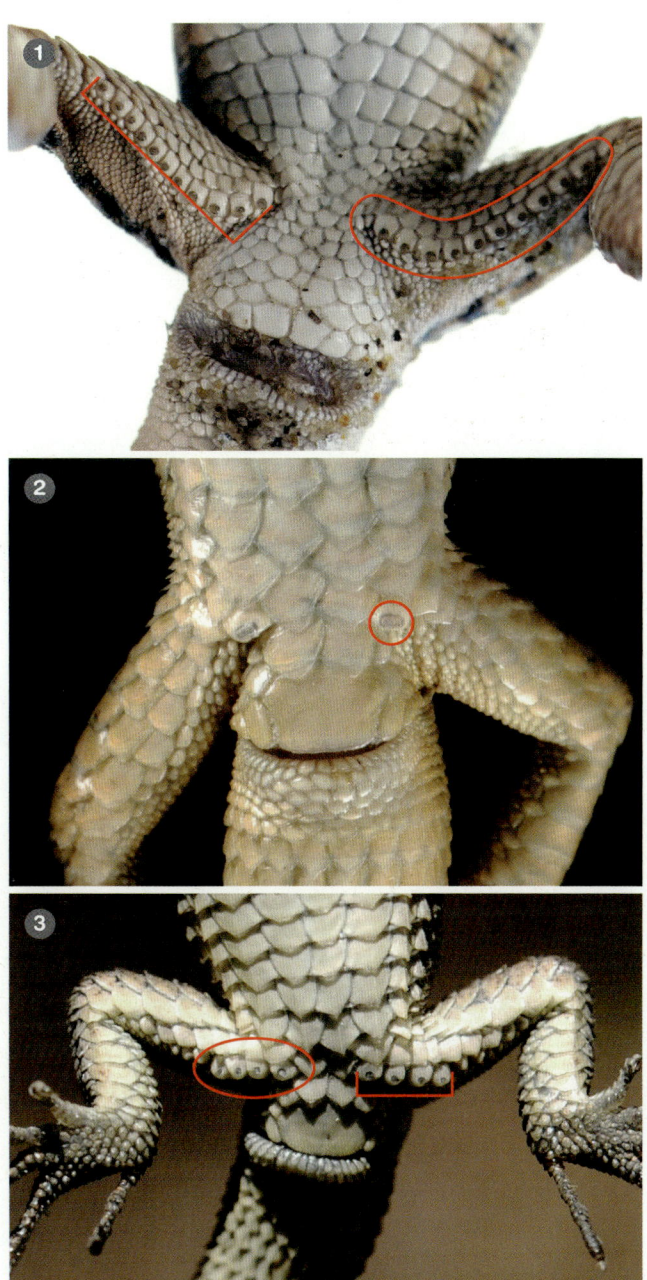

# 표범장지뱀

**전체길이** 12~16cm • **보이는 시기** 4~10월 • **겨울잠 시기** 10~3월 • **번식기** 7~8월 • **알 낳는 곳** 모래 속 • **사는 환경** 바닷가, 강가처럼 모래가 많은 곳 • **사는 지역** 서울, 서남해안, 금강, 낙동강 주변

몸 윗면은 갈색이고 전체에 표범 무늬가 있다. 다른 장지뱀에 비해 꼬리가 짧고, 위험이 닥치면 모래땅을 쏜살같이 달려 풀숲으로 숨는다. 7~8월에 모래땅을 파고 들어가 그 안에서 알을 4~5개 낳은 다음에 모래를 덮는다. 곤충이나 거미를 먹으며, 우리나라와 중국, 몽골에 산다.

장지뱀과

1 몸 전체에 표범 무늬가 있다.
2 모래가 많은 곳에 주로 살며, 가만히 앉아 햇볕을 쬐기도 한다.

065

모래 속을 파고 들어가 길쭉한 알을 낳는다. 더울 때도 땅속으로 들어가 쉰다.

장지뱀과

# 줄장지뱀

**전체길이** 16~24cm • **보이는 시기** 4~10월 • **겨울잠 시기** 10~3월 • **번식기** 6~8월 • **알 낳는 곳** 덤불 속이나 흙바닥 또는 돌무덤 속 • **사는 환경** 계곡, 강가 풀숲, 밭, 담벼락 • **사는 지역** 전국

몸 옆면에 흰색 줄이 길게 나 있다. 꼬리가 쉽게 끊어지므로 잡아서 관찰할 때는 몸통을 살짝 잡아야 한다. 곤충, 거미, 지렁이 같은 작은 동물을 먹으며 강변 돌에서 일광욕한다. 4월에 겨울잠에서 깨어나며 6~8월에 풀숲 땅속에 긴 알을 3~5개 낳는다. 제주도에 사는 개체는 뭍에 사는 개체보다 노란빛이나 초록빛이 많이 돈다.

장지뱀과

**1** 몸은 연하거나 진한 갈색을 띠며 옆면에 흰 줄이 뚜렷하다.
**2 어린 개체.** 전체적으로 검은색을 많이 띤다.

**1** 제주도에 사는 개체. 노란빛이나 초록빛이 돈다.
**2** 충청남도 금산에서 만난 개체. 간혹 내륙에서도 노란빛을 많이 띠는 개체가 보인다.
**3** 풀이 많은 흙 속에 길쭉한 알을 3~5개 낳는다.

장지뱀과

❷

❸

# 아무르장지뱀

**전체길이** 22~26cm • **보이는 시기** 4~10월 • **겨울잠 시기** 11~3월 • **번식기** 6~7월 • **알 낳는 곳** 덤불 속 • **사는 환경** 산림, 숲 • **사는 지역** 제주도를 제외한 전국

등은 갈색이고, 배는 노란빛이 도는 흰색이다. 몸을 덮은 비늘이 거칠고 긴 꼬리는 쉽게 끊어진다. 포식자가 끊어져 꿈틀거리는 꼬리에 한눈을 파는 사이에 도망갈 시간을 번다. 산속 낙엽 더미나 계곡 주변 바위를 빠르게 달리며, 나무를 타고 오르기도 한다. 곤충이나 거미, 지렁이를 먹으며 돌에서 일광욕한다. 알은 한 번에 2~6개씩 1년에 서너 번 낳는다.

장지뱀과

1 등과 배의 경계선이 거칠고 불규칙해서 줄장지뱀과 구별된다.
2 회색빛을 많이 띠는 개체도 있다.

1 **어린 개체.** 몸과 꼬리에 자잘한 점이 있다.
2 덤불 속에서 메뚜기 같은 곤충을 사냥한다.
3 일본참진드기가 몸에 붙어 기생하기도 한다.

장지뱀과

오전 11~12시 사이에 나뭇잎에 앉아 일광욕하고 있다.

장지뱀과

# 뱀과

우리나라에는 실뱀, 비바리뱀, 대륙유혈목이, 누룩뱀, 무자치, 유혈목이, 능구렁이, 구렁이 모두 8종이 산다. 우리나라 뱀은 침에 독성이 있지만 사람에게 해를 입힐 정도는 아니며, 독성이 조금 강한 유혈목이라도 일부러 입에 손가락을 깊이 넣어서 독샘과 연결된 어금니에 물리지 않는다면 위험하지 않다.

다리가 퇴화했으며, 배판에 있는 커다란 비늘로 움직이다. 근육인 배판은 늑골과 이어지며, 근육이 배판을 안팎으로 기울이거나 앞뒤로 당기므로 다리 없이도 기거나 헤엄치거나 나무에 오를 수 있다. 눈꺼풀과 귓구멍도 퇴화했고, 혀는 두 갈래로 갈라졌다. 몸이 길고 좁아서 내장 기관도 앞뒤로 이어졌으며, 폐도 한쪽이 거의 퇴화했다. 몸 색깔은 노란색, 검은색, 붉은색, 초록색 등 다양하며, 무늬는 있거나 없다.

변온동물이어서 비가 내리거나 습한 날이 이어지다가 날이 개면 체온을 올리고자 등산로나 도로로 나와 일광욕한다. 그러나 너무 급격히 체온이 오르면 오히려 기절하거나 생명이 위험해진다. 굴속에서 여러 종이 함께 겨울잠을 자며, 추위에 유난히 약한 능구렁이가 가장 먼저 겨울잠에 든다.

실뱀, 비바리뱀은 도마뱀이나 장지뱀 무리를 먹으며, 대륙유혈목이는 지렁이나 올챙이를 먹는다. 누룩뱀은 개구리와 쥐를 모두 먹는다. 무자치, 유혈목이, 능구렁이는 물고기나 개구리를 먹고, 능구렁이는 먹이를 오랫동안 먹지 못하면 쇠살모사나 무자치 같은 뱀을 잡아먹기도 한다. 구렁이는 주로 쥐 같은 설치류를 먹는다.

뱀과

**실뱀.** 등 쪽으로 노란 줄이 쭉 뻗어 있다. ⓒ 전금배

뱀과

1 **대륙유혈목이**. 머리는 검고 몸은 누렇다. 혀는 노란색, 검은색, 빨간색을 띤다.
2 **누룩뱀**. 대개 몸을 따라 길쭉한 점무늬가 있다.
3 **무자치**. 몸에 검은색 무늬가 있다.

뱀과

1 **유혈목이**. 붉은색과 초록색을 띠며 몸 전체에 가로 띠가 있다.
2 **구렁이(먹구렁이)**. 대개 검은 몸에 흰색이나 노란색 띠가 있으나, 서해안 섬에 사는 개체는 전체적으로 검기도 하다.
3 **능구렁이**. 대체로 검은색과 붉은색이 대조를 이룬다.

뱀과

구렁이(황구렁이). 전체적으로 누렇고 특히 턱밑이 노랗다. 몸을 둘러싼 띠가 있으며 삼각형 무늬가 있는 개체도 있다.

# 실뱀

**전체길이** 80~90cm • **보이는 시기** 4~10월 • **겨울잠 시기** 10~4월 • **번식기** 5~8월 • **알 낳는 곳** 썩은 나무와 습한 낙엽 더미 • **사는 환경** 야산 풀밭, 계곡, 숲 속 돌무덤, 산등성, 시냇가 • **사는 지역** 전국

다른 뱀에 비해 몸이 짧고 매우 가늘다. 몸은 연한 갈색을 띠며 검은 무늬가 있고, 머리에서 꼬리 끝까지 척추를 따라 누런빛이 도는 흰색 줄이 있다. 몸통에 비해 꼬리가 길며, 우리나라 뱀 가운데 가장 빠르다. 풀 줄기를 타고 빠르게 이동하는 모습이 마치 날아가는 듯 보여 비사(飛蛇)라고도 한다. 개구리나 장지뱀, 도마뱀을 먹는다. 내륙보다 섬에 더 많으며, 우리나라와 중국, 러시아, 몽골 등에 산다.

뱀과

1 머리에서 등을 따라 누르스름한 흰 줄이 뻗어 있다.
2 혀는 검다.
3 주로 장지뱀이나 도마뱀 종류를 사냥한다. ⓒ 전금배

강이나 냇물 주변에서 많이 보인다.

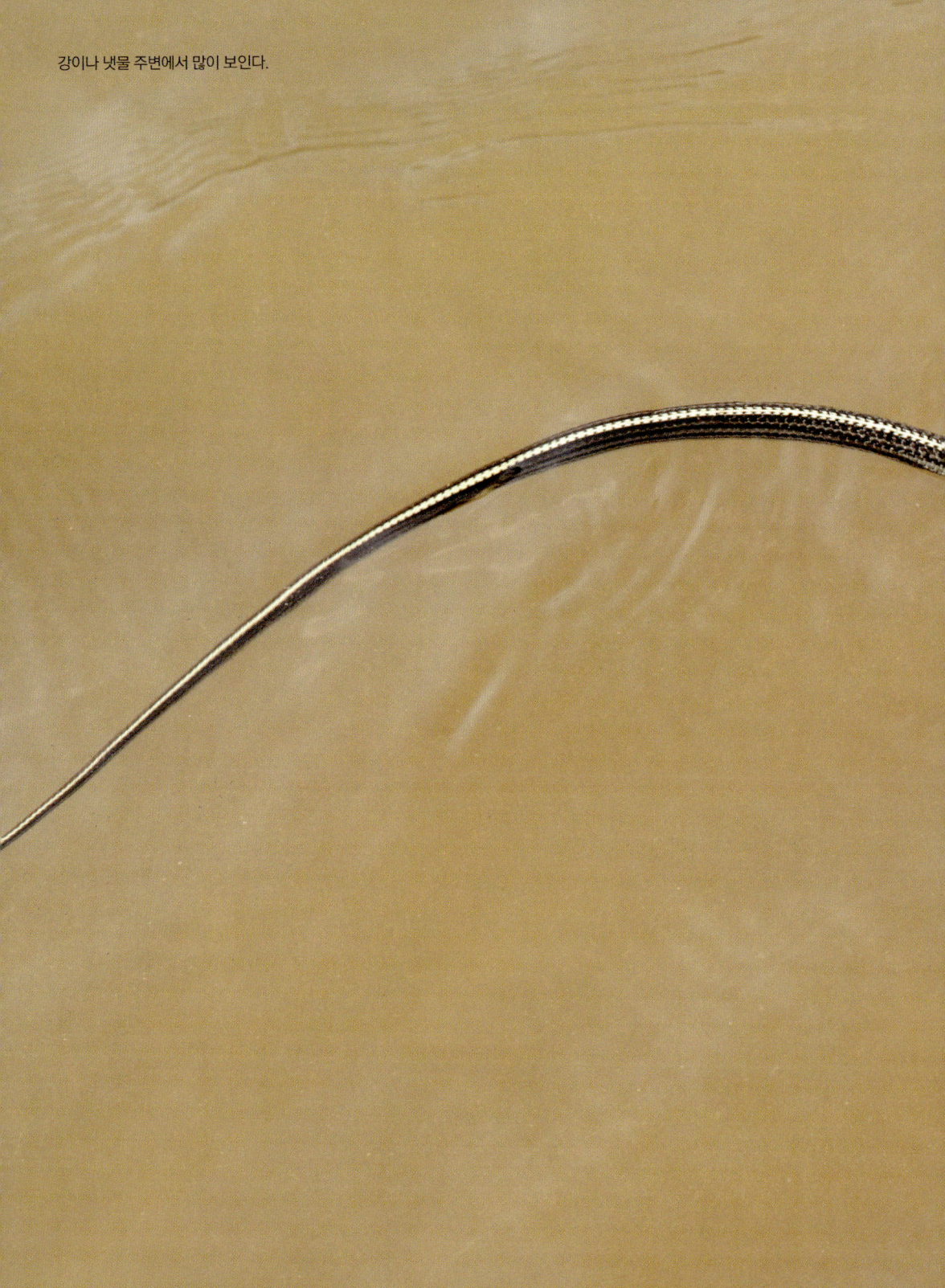

뱀과

# 비바리뱀

전체길이 50~61cm • 보이는 시기 4~10월 • 겨울잠 시기 11~3월 • 번식기 7~8월 • 알 낳는 곳 습한 숲 • 사는 환경 풀밭, 숲 속 탁 트인 곳 • 사는 지역 제주도

우리나라에서는 제주도에만 살며, 멸종위기종 Ⅰ급으로 지정, 보호한다. 머리 뒤부터 등을 따라 검은 줄이 뻗은 모습이 처녀의 댕기머리 같다고 해서 제주도 말로 처녀를 뜻하는 '비바리'라는 이름이 붙었다. 등은 갈색이나 적갈색이며, 배는 연한 노란색이다. 머리는 검고 뒤쪽에 흰색 줄이 있으며 이빨이 많아서 입이 넓다. 무덤가 바위 지대, 돌담에서 자주 보이며 빠르게 움직인다. 장지뱀 종류, 지렁이 등을 먹는다.

뱀과

1 머리는 검은색, 몸은 갈색이다.
2 머리 뒤쪽 좌우에 일직선으로 흰 부분이 있으며, 머리에서부터 척추를 따라 검은 줄이 댕기머리처럼 뻗었다.

제주도 무덤가나 돌담 주변에서 주로 보인다.

뱀과

# 대륙유혈목이

**전체길이** 30~40cm • **보이는 시기** 5~10월 • **겨울잠 시기** 10~4월 • **번식기** 6~7월 • **알 낳는 곳** 썩은 나무와 습한 낙엽 더미 • **사는 환경** 야산 기슭 돌무덤, 숲, 계곡, 웅덩이 주변 • **사는 지역** 전국

우리나라에서 가장 작은 뱀이다. 등은 갈색이며, 머리는 검고, 머리 뒤쪽에 흰 줄이 비스듬히 있다. 혀 안쪽은 붉은색, 두 갈래로 갈라지는 부분은 노란색, 끝부분은 검은색이다. 야산 주변의 낙엽과 잔돌이 많이 쌓인 너덜지대에서 주로 관찰되며 서해 섬에 많이 산다. 주로 지렁이, 개구리, 올챙이, 물고기를 먹는다.

뱀과

1 몸은 갈색이며 머리는 검고 머리 뒤쪽으로 흰 줄이 있다.
2 습한 곳에서 지렁이를 즐겨 먹는다.
3 습기가 많은 곳에 길쭉한 알을 낳는다. ⓒ 구준희
4 서해 섬에 많다. 썩은 나무 등걸 밑에서 똬리를 틀고 쉬고 있다.

# 누룩뱀

**전체길이** 80~130cm • **보이는 시기** 4~10월 • **겨울잠 시기** 11~3월 • **번식기** 5~7월 • **알 낳는 곳** 햇볕이 잘 드는 곳, 돌이나 볏짚 밑 • **사는 환경** 강변이나 밭, 산림이나 초원 • **사는 지역** 전국

몸 색깔이 술을 빚는 데에 쓰는 누룩과 비슷해서 누룩뱀이라고 한다. 무덤가 구멍이나 논둑에서 많이 보여 땅뱀이라고도 한다. 지역에 따라 크기와 무늬가 다양하며, 서해안에 사는 개체는 붉은색을 많이 띤다. 사는 곳에 따라 개구리 또는 쥐를 즐겨 먹는다. 암컷은 알을 낳은 다음 한동안 몸으로 알을 감싸기도 한다.

뱀과

1 허물 벗을 때가 되면 몸 색깔이 짙어지면서 몸을 따라 갈색 줄이 있는 것처럼 보인다.
2 몸에 난 점무늬가 붉은색을 띠는 개체도 있다.

1 머리는 이등변삼각형처럼 생겼고 복잡한 무늬가 있다.
2 혀는 붉다.
3 길쭉한 알을 낳으며 암컷은 한동안 알을 몸으로 감싸며 보호하기도 한다.

뱀과

099

**1** 장다리물떼새가 논에 낳은 알을 먹고 있다. 새알을 즐겨 먹어 알뱀이라고도 한다.
**2** 쥐를 먹고 있는 개체. 사는 환경에 따라 먹이가 달라진다.

뱀과

온몸이 하얀 개체(유전자돌연변이). 세계적으로 희귀한 형질이다.

뱀과

# 무자치

**전체길이** 60~100cm • **보이는 시기** 4~10월 • **겨울잠 시기** 10~4월 • **번식기** 8~9월 • **새끼 낳는 곳** 논이나 습지 주변 • **사는 환경** 저수지, 습지나 논밭 • **사는 지역** 전국

논이나 웅덩이 주변에 살고, 수면 가까이에서 헤엄치는 장면을 많이 볼 수 있어 물뱀이라고도 한다. 몸 색깔은 적갈색이나 황갈색을 띠며, 작고 검은 무늬가 있다. 머리에는 검은 V자 무늬가 있으며 배에는 노란색과 검은색 무늬가 있다. 주로 물고기나 개구리를 먹는다. 겨울잠에서 깨어난 봄에 여러 마리가 무리를 이루어 짝짓기 하며, 8~9월에 살모사처럼 새끼를 낳는다. 새끼는 한 번에 8~12마리 낳는다. 성격이 사나워서 가까이 가면 공격한다.

뱀과

1 몸을 따라 검은색 무늬가 있다.
2 청개구리를 사냥한다.

1 논에서 참개구리 같은 개구리 종류와 물고기를 주로 사냥한다.
2 여름에 새끼를 6~12마리 낳는다.
3 몸을 따라 난 무늬는 허물을 벗은 직후에 뚜렷하게 보인다.

뱀과

# 유혈목이

**전체길이** 70~140cm • **보이는 시기** 4~10월 • **겨울잠 시기** 10~4월 • **번식기** 5~7월 • **알 낳는 곳** 화단이나 풀밭 흙 속 • **사는 환경** 산지 풀밭, 논밭, 숲 • **사는 지역** 전국

우리나라에서 제일 흔히 보이는 뱀이다. 몸 색깔이 붉은색과 초록색이 섞여 화려해서 꽃뱀, 혀를 날름거린다고 해서 너불메기, 너불대라고도 한다. 입 안쪽에 있는 어금니와 독샘(뒤베르누아샘)이 연결되어서 어금니에 깊이 물리면 위험하다. 공격을 당하면 머리를 숙여 목덜미를 높이고, 더 위협을 느끼면 목덜미샘을 터뜨려 두꺼비를 잡아먹으면서 저장한 독(부포톡신)을 분비한다. 두꺼비를 비롯한 참개구리, 산개구리 같은 개구리 종류를 주로 먹으며, 5~7월에 화단이나 풀밭 흙에 알을 8~32개 낳는다.

뱀과

1 몸은 붉은색과 초록색이 섞여 화려하고, 혀는 검은색이다.
2 적에게 공격을 받으면 머리를 숙여 목덜미를 높이 들고 꼼짝하지 않는다.
3 알은 8월에 부화한다.

1 먹이가 작을 때에는 깨문 곳부터 삼키며 먹이가 크면 머리 쪽부터 삼킨다.
2 물고기를 사냥하기도 한다.

뱀과

뱀과

1 식물을 타고 이동하며 새를 사냥하기도 한다.
2 어금니에 독샘이 연결되어 있어서 깊이 물리면 위험하다.

# 능구렁이

**전체길이** 60~120cm • **보이는 시기** 4~10월 • **겨울잠 시기** 10~4월 • **번식기** 5~8월 • **알 낳는 곳** 폐가 지붕 속, 습한 낙엽 더미 • **사는 환경** 야산 낮은 지대, 논밭 주변, 숲 • **사는 지역** 제주도를 제외한 전국

몸 전체가 붉고 검은 띠가 몸통에 50~70개, 꼬리에 18~20개 있다. 머리가 넓고 눈이 작으며, 주둥이 끝이 둥글다. 대개 밤에 활동하지만 간혹 낮에도 보인다. 밤에 따뜻하게 달궈진 아스팔트에서 몸을 데우다가 차에 치어 죽는 일이 많다. 주로 개구리를 먹지만 이따금 쥐 같은 설치류나 어린 새, 물고기, 도마뱀, 다른 뱀을 잡아먹기도 한다.

뱀과

**1** 빨간 몸에 검은 띠가 많다.
**2** 개구리, 두꺼비를 주로 잡아먹는다.

먹을 것이 매우 부족할 때는 무자치 같은 뱀이나 독사인 살모사까지도 사냥한다. ⓒ 전금배

뱀과

# 구렁이

**전체길이** 110~200cm • **보이는 시기** 4~10월 • **겨울잠 시기** 11~3월 • **번식기** 5~8월 • **알 낳는 곳** 양지바른 곳 돌이나 볏짚 밑 • **사는 환경** 산림 • **사는 지역** 제주도, 울릉도를 제외한 전국

멸종위기종 Ⅱ급으로 지정, 보호하며, 우리나라에서 가장 큰 뱀이다. 검은색을 띠는 개체를 먹구렁이, 황갈색을 띠는 개체를 황구렁이라고도 한다. 몸에 무늬가 없는 개체부터 띠가 이어지는 개체까지 생김새가 다양하다. 낮에 주로 활동하며 쥐 같은 설치류, 새, 새알 등을 먹는다. 옛날에는 집에 쥐가 많아 집 근처에도 구렁이가 많았지만 요즘은 사람이 적은 섬이나 깊은 숲에서만 보인다. 체온이 올라야 먹이를 소화할 수 있으므로 먹이를 먹고 나면 일광욕을 한다. 간혹 삼킨 먹이가 불편하거나 추운 날씨가 이어지면 먹이를 토하기도 한다.

1 **남해안 섬에서 관찰한 개체.** 몸을 두른 띠가 삼각형이다. ⓒ 이윤수
2 **부화하는 황구렁이.** 입 앞쪽 뾰족한 부분으로 알을 찢으며 밖으로 나온다.
3 **하품하는 먹구렁이.** 입천장에 있는 서구개치열이 잘 보인다.

**1** 대구에서 발견한 **황구렁이**. 띠무늬가 없는 이런 개체를 석구렁이라고 부르기도 한다.
**2** 황구렁이와 먹구렁이 잡종으로 보이는 개체가 쥐를 잡아먹고 있다.
**3** 깊은 숲에서 보이며 주로 낮에 활동한다.

뱀과

121

1 인천 옹진군 굴업도에는 온몸이 까만 먹구렁이가 산다.
2 인천 옹진군 백아도와 굴업도에서는 돌 틈에 들어가 있는 먹구렁이를 흔히 볼 수 있다. ⓒ 이상영
3 충청북도 청주에서 머리가 둘인 구렁이를 만났다.

뱀과

**먹구렁이와 황구렁이**

세계 학계에서는 생식기 차이를 설명한 논문을 바탕으로 먹구렁이와 황구렁이를 다른 종으로 보지만 우리나라에서는 mtDNA가 일치하는 점을 근거로 같은 종으로 여긴다.

# 살모사과

우리나라에는 쇠살모사, 살모사, 까치살모사 3종이 있다. 살모사라는 이름 뜻이 어미를 죽이는 뱀(殺母蛇)이라는 설명이 있지만 사실과 다르다. 어미는 새끼를 낳느라 힘을 다 쓴 나머지 기운이 없어서 새끼 곁에서 가만히 있을 뿐인데, 예전에 살무사라는 이름을 한자로 바꾸는 과정에서 생태를 오해해 생긴 이름인 듯하다.

근육과 독샘 부피가 크기 때문에 머리는 폭이 넓은 정삼각형이다. 뺨에 있는 눈과 콧구멍 사이에 깊이 파인 피트 기관이 있다. 여기에 열을 느끼는 신경 말단이 있어서 밤에도 체온이 높은 포유류나 새의 위치를 감지해 공격할 수 있다.

위턱에 있는 기다란 송곳니 1쌍이 속이 빈 독니로 발달했다. 먹이나 적을 물 때 독니가 앞쪽을 향해 돌아간다. 커다란 턱 근육이 독샘에서 독액을 짜내고 독니를 통해 먹이나 적에게 독을 주입한다. 먹이를 사냥할 때는 대개 재빠르게 공격해 독을 한 차례 주입한 다음 먹이가 죽기를 기다렸다가 삼킨다.

턱뼈는 머리뼈에 인대, 근육으로 이어져 아래위, 앞뒤, 양옆으로 움직일 수 있다. 그래서 큰 먹이를 삼킬 때 위턱과 아래턱 연결 부분이 빠지며 입이 크게 벌어진다. 또한 입천장에 있는 서구개치열도 먹이를 삼키는 데에 큰 도움을 준다. 이빨은 날카롭고, 안쪽으로 구부러진 원뿔형이어서 먹이를 식도로 집어넣을 수 있다. 이런 특징 때문에 한 번에 큰 먹이를 먹을 수 있고 대사가 천천히 이루어지므로 자주 먹지 않아도 된다. 대개 일주일에 한 번 이상 먹지 않는다. 큰 먹이는 삼키기 좋게 머리 쪽으로 돌려 먹지만 작은 먹이는 아무 곳이나 문 곳부터 삼킨다.

대개 사람은 살모사 무리가 체온을 올리고자 일광욕을 하거나 똬리를 틀고 있을 때 밟거나 가까이 다가가서 물리지만 도망가는 사람을 쫓아오지는 않는다. 다른 뱀은 독에 면역이 있어 살모사 무리에 물려도 죽지 않는다.

**쇠살모사.** 몸 양옆으로 커다란 엽전 무늬가 있다. 이 무늬가 확장되어 띠처럼 보이기도 한다. 혀는 분홍색이다.

살모사과

1 **제주도와 경상남도에 사는 쇠살모사.** 중부지방에 사는 쇠살모사와는 미토콘드리아 유전자가 약간 다르고, 일본의 쓰시마쇠살모사와 비슷하다.
2 **살모사.** 몸 양옆으로 동그란 무늬가 있다. 머리는 정삼각형이고, 눈선은 얇고 뚜렷하며, 혀는 검붉은색이다.
3 **까치살모사.** 몸 양옆에 있는 엽전 무늬가 퍼져 띠처럼 보인다. 눈선은 두껍고 옅은 검은색이다.

# 쇠살모사

**전체길이** 45~70cm • **보이는 시기** 4~11월 • **겨울잠 시기** 11~4월 • **번식기** 7~9월 • **새끼 낳는 곳** 낙엽과 나무가 많은 숲 • **사는 환경** 산지 묵정밭, 숲, 풀밭, 계곡 주변 • **사는 지역** 전국

우리나라 살모사 가운데 가장 작다. 몸은 적갈색이나 흑갈색으로 살모사보다 색이 연한다. 몸 양옆에 엽전 무늬가 있고, 혀는 연한 분홍색이며 두 갈래로 갈라졌다. 계곡 주변 바위에서 일광욕하기도 한다. 산개구리를 비롯한 개구리를 주로 먹으며, 설치류나 장지뱀류도 먹는다. 8~9월에 무리 지어 짝짓기하고, 이듬해 7~8월에 새끼를 6~7마리 낳는다. 가을에 남향인 바위, 자갈이 많은 굴이나 틈에서 무리 지어 겨울잠을 잔다.

살모사과

나무를 타고 올라가 쉬기도 한다.

제주도에 사는 쇠살모사. 몸 생김새가 살모사에 가까우며, 미토콘드리아 유전자는 일본 쓰시마에 사는 쓰시마쇠살모사와 같다.

살모사과

### 제주쇠살모사

경상남도, 제주도와 일본 쓰시마에 사는 쇠살모사 가운데 미토콘드리아 DNA 서열에 차이가 있는 개체도 있으며, 일본에서는 이 종류를 쓰시마쇠살모사(*Gloydius tsushimaensis*)라고 기록했다(1994, Isogawa).

# 살모사

**전체길이** 50~80cm • **보이는 시기** 4~11월 • **겨울잠 시기** 11~4월 • **번식기** 8~9월 • **새끼 낳는 곳** 낙엽과 나무가 많은 숲 • **사는 환경** 산지 묵정밭, 숲, 풀밭 • **사는 지역** 제주도를 제외한 전국

몸에 있는 밝은 부분과 어두운 부분이 대비를 이루어서 옛날에는 '까치독사'라고 불렸다. 위에서 보면 머리는 정삼각형에 가깝다. 등은 갈색이나 적갈색이며 꼬리 끝은 대개 노랗다. 몸통 양옆에 엽전 무늬가 연달아 있으며, 눈 뒤에서부터 목까지 가늘고 흰 줄이 있다. 위턱 앞에 길고 뾰족한 독니가 있다. 등산로나 산 주변 밭에 있는 가시덤불이나 풀이 무성한 바위 근처에서 보인다. 주로 쥐 같은 설치류를 먹으며 개구리도 먹는다. 8~9월에 짝짓기하며 이듬해 같은 시기에 새끼를 3~6마리 낳는다. 성격은 온순하지만 발로 밟거나 귀찮게 하면 스프링 늘어나듯 몸을 뻗어서 물기도 한다. 독이 있어서 살모사에게 물리면 혈관, 근육 등이 분해되어 몸이 퉁퉁 붓고, 호흡과 심장박동에 어려움을 겪기도 한다.

살모사과

1 대부분 밝은 바탕에 어두운 무늬가 있지만 가끔 몸 전체가 갈색인 개체도 있다.
2 꼬리가 노란 개체도 있다.

1 대부분 머리는 정삼각형이지만 이 개체는 이등변삼각형이다.
2 혀는 검붉은색이다.

살모사과

# 까치살모사

**전체길이** 80~100cm • **보이는 시기** 5~10월 • **겨울잠 시기** 11~4월 • **번식기** 8~9월 • **새끼 낳는 곳** 낙엽과 나무가 많은 숲 • **사는 환경** 높은 산 바위가 많은 숲 속 및 능선 • **사는 지역** 제주도를 제외한 전국

우리나라에 사는 살모사 종류 가운데 가장 길며 몸이 굵고 꼬리가 짧다. 머리는 삼각형이며, 머리 위쪽에 검은 점과 거꾸로 된 펜촉 같은 무늬가 있다. 머리 점이 7개여서 칠점사(七點蛇)라고도 불린다. 눈에서 목까지 두꺼운 갈색 줄이 있어 가느다랗고 흰 줄이 있는 살모사, 쇠살모사와 구별된다. 주로 밤에 활동한다. 쥐 같은 작은 설치류를 잡아먹는다. 산 정상 바위 지대에서 무리 지어 짝짓기하며 8~9월에 새끼를 3~8마리 낳는다. 까치살모사에 물리면 두통과 어지럼증을 느끼며 시력, 청력이 떨어지고 숨쉬기가 어려워진다.

살모사과

1 머리 위쪽에 점이 7개 있다.
2 8~9월 사이 새끼를 밴 암컷은 몸통이 두꺼워지고 행동도 느리다.

**1** 눈 뒤로 굵고 검은 줄이 뻗었다.
**2** 새끼는 양수가 들어 있는 얇은 막(양막)에 싸여 태어난다. ⓒ 김대호
**3** 몸은 갈색이며 짙은 줄이 연이어 있다.

살모사과

143

## 찾아보기

| | | | |
|---|---|---|---|
| 구렁이 | 118 | 붉은귀거북 | 036 |
| 까치살모사 | 140 | 비바리뱀 | 090 |
| 남생이 | 026 | 살모사 | 136 |
| 누룩뱀 | 096 | 쇠살모사 | 128 |
| 능구렁이 | 114 | 실뱀 | 086 |
| 대륙유혈목이 | 094 | 아무르장지뱀 | 072 |
| 도마뱀 | 052 | 유혈목이 | 108 |
| 도마뱀붙이 | 044 | 자라 | 018 |
| 무자치 | 104 | 줄장지뱀 | 068 |
| 북도마뱀 | 056 | 표범장지뱀 | 064 |